Impressum

Verlag: BABADADA GmbH, Nedderfeld 112 , 22529 Hamburg

Geschäftsführer / Verlagsleitung: Harald Hof

Druck: Books on Demand GmbH, In de Tarpen 42, 22848 Norderstedt

Imprint

Publisher: BABADADA GmbH, Nedderfeld 112 , 22529 Hamburg, Germany

Managing Director / Publishing direction: Harald Hof

Print: Books on Demand GmbH, In de Tarpen 42, 22848 Norderstedt

学校

sakola

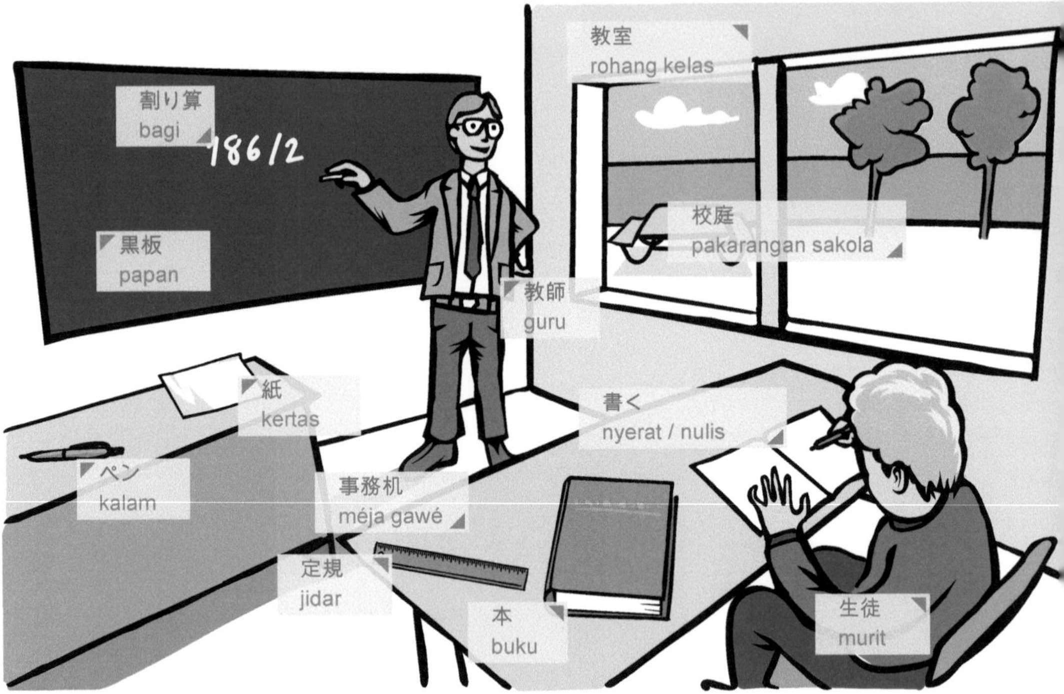

教室
rohang kelas
割り算
bagi
186/2
黒板
papan
校庭
pakarangan sakola
教師
guru
紙
kertas
書く
nyerat / nulis
ペン
kalam
事務机
méja gawé
定規
jidar
本
buku
生徒
murit

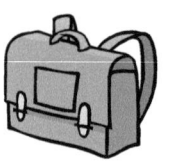

ランドセル

tas sakola

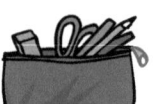

筆入れ

wadah potlot

鉛筆

potlot

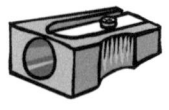

鉛筆削り

rautan potlot

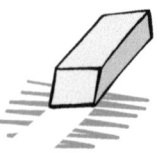

消しゴム

pamupus

スケッチブック

kertas gambar

スケッチ
gambar

絵筆
kuas cét

絵の具箱
kotak cét

はさみ
gunting

接着剤
lém

練習帳
buku latihan

宿題
péér

数
angka

足し算
nambahkeun

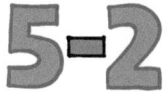

引き算
kurang

かけ算
kali

計算する
ngitung

文字
surat

アルファベット
alpabét

hello

単語
kecap

テキスト

téks

読む

maca

チョーク

kapur

授業

palajaran

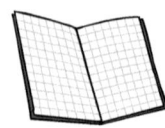

学級日誌

daftar

試験

ujian

通知表

sértipikat

制服

saragam sakola

教育

atikan

百科事典

énsiklopédi

大学

univérsitas

顕微鏡

mikroskop

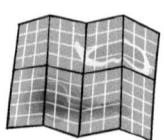

地図

peta

ごみ箱

wadah runtah

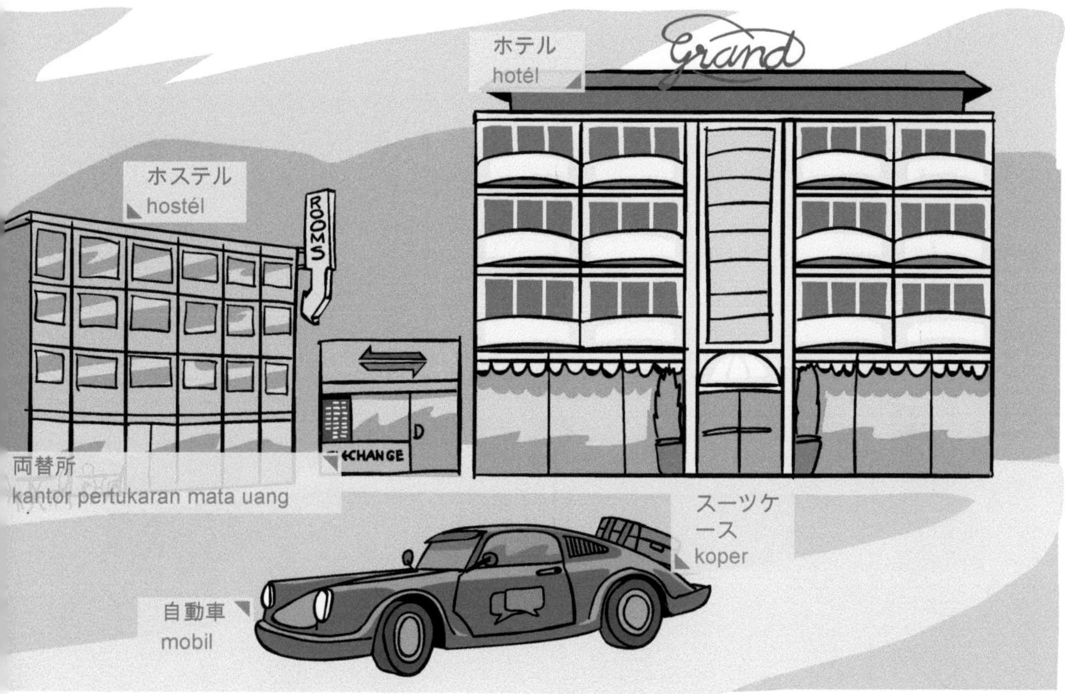

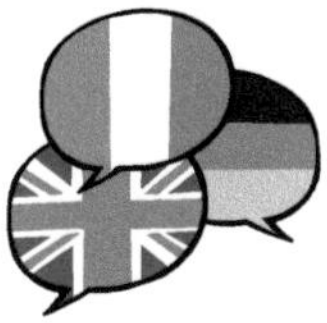

ホテル
hotél
Grand
ホステル
hostél
ROOMS
両替所
kantor pertukaran mata uang
EXCHANGE
スーツケース
koper
自動車
mobil

言語
basa

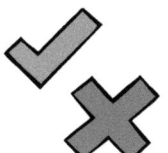

はい / いいえ
muhun / henteu

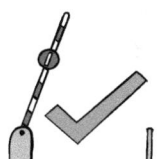

問題ない
oké

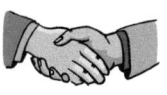

ハロー
hei

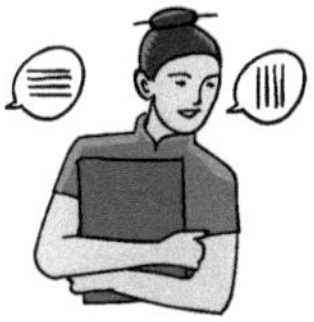

翻訳者
panarjamah

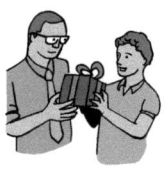

ありがとう
hatur nuhun

…はいくらですか？

sabaraha hargana…?

わかりません

abdi teu ngartos

問題

masalah

こんばんは！

Wilujeng wengi!

おはようございます！

Wilujeng siang!

おやすみなさい！

Wilujeng wengi!

さようなら

mugi patepang deui

方向

arah

手荷物

bagasi

バッグ

kantong

リュックサック

ransel

お客様

tamu

部屋

rohang

寝袋

kantong saré

テント

tenda

旅行者情報

informasi wisata

ビーチ

pantai

クレジットカード

kartu krédit

朝食

sarapan

昼食

dahar beurang

夕食

dahar peuting

チケット

tikét

エレベーター

lift

スタンプ

perangko

境界

wates

税関

cukai

大使館

kedutaan

ビザ

visa

パスポート

paspor

輸送

transportasi

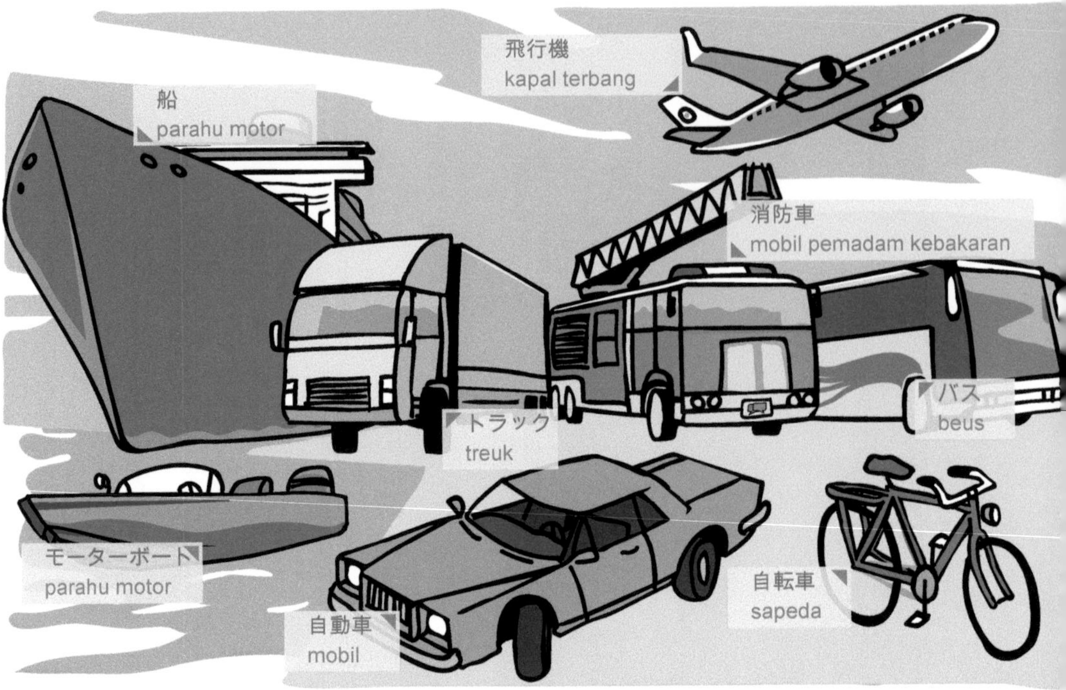
飛行機
kapal terbang
船
parahu motor
消防車
mobil pemadam kebakaran
バス
beus
トラック
treuk
モーターボート
parahu motor
自転車
sapeda
自動車
mobil

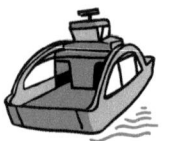

フェリー

kapal féri

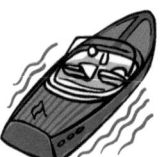

ボート

parahu

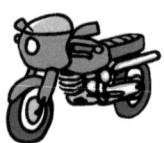

バイク

sapeda motor

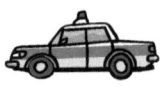

パトカー

mobil pulisi

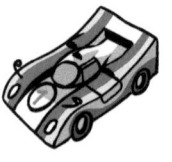

レーシングカー

mobil balap

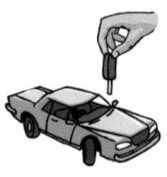

レンタカー

mobil nyéwa

カーシェアリング

mobil babarengan

レッカー車

treuk dérék

ごみ収集車

treuk runtah

モーター

motor

燃料

bahan bakar

ガソリンスタンド

bénsin

交通標識

tanda lalulintas

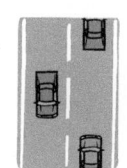

交通

lalulintas

渋滞

macét

駐車場

parkir mobil

駅

stasiun karéta

道

trék

列車

karéta api

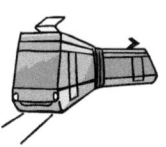

路面電車

tram

車両

garobag

ヘリコプター

hélikopter

空港

bandara

タワー

munara

乗客

panumpang

コンテナ

konténer

段ボール箱

karton

カート

troli

カゴ

karanjang

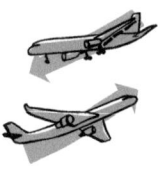

離陸 / 着陸

terbang / landas

都市

kota

村

kampung

都心

tengah kota

家

imah

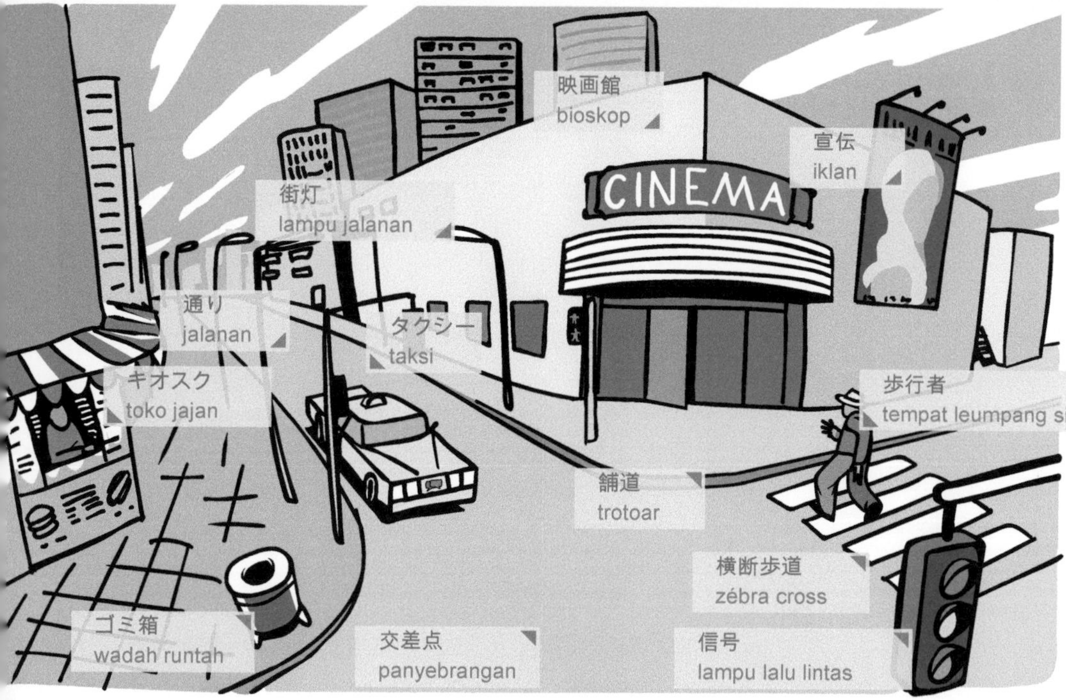

映画館
bioskop

宣伝
iklan

街灯
lampu jalanan

通り
jalanan

タクシー
taksi

歩行者
tempat leumpang sis

キオスク
toko jajan

舗道
trotoar

横断歩道
zébra cross

ゴミ箱
wadah runtah

交差点
panyebrangan

信号
lampu lalu lintas

CINEMA

小屋
gubuk

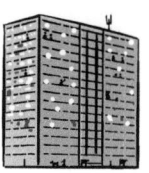

アパート
imah flat

駅
stasiun karéta

市役所
balai kota

美術館
museum

学校
sakola

都市 - kota

大学

univérsitas

銀行

bank

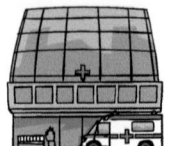

病院

rumah sakit

ホテル

hotél

薬局

farmasi

オフィス

kantor

書店

toko buku

ショップ

toko

花屋

toko kembang

スーパーマーケット

supermarkét

市場

pasar

デパート

swalayan

魚屋

nalayan

ショッピングセンター

pusat balanja

港

palabuan

公園
kebon

ベンチ
korsi

橋
sasak

階段
tangga

地下鉄
kareta bawah tanah

トンネル
torowongan

バス停
halte beus

バー
bar

レストラン
restoran

ポスト
kotak surat

道路標識
tanda jalan

パーキングメーター
meteran parkir

動物園
kebon binatang

スイミングプール
kolam renang

モスク
masigit

農場

pertanian

汚染

polusi

基地

kuburan

教会

gareja

遊び場

tempat ulin

寺

pura

風景

pamandangan

葉
daun

道標
panunjuk arah

道
jalanan

草地
ladang jukut

石
batu

木
tangkal

ハイカー
tukang leumpang

川
susukan

草
jukut

花
kembang

谷
lengkob

山
bukit

湖
tasik

森
leuweung

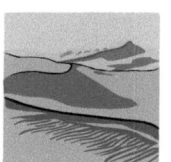

砂漠
gurun

火山
gunung marapi

城
karaton

虹
katumbiri

キノコ
suung

ヤシの木
tangkal palem

蚊
reungit

ハエ
laleur

蟻
sireum

ミツバチ
nyiruan

クモ
lamat lancah

カブトムシ

nyiruan

蛙

bangkong

リス

bajing

ハリネズミ

landak

ウサギ

kalinci

フクロウ

bueuk

鳥

manuk

白鳥

soang

雄豚

bagong

鹿

kijang

ヘラジカ

kijang

ダム

bendungan

風力タービン

turbin angin

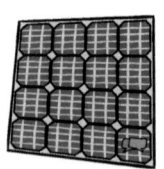

ソーラーパネル

panél surya

気候

iklim

レストラン
restoran

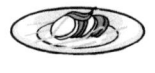

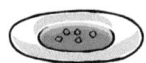

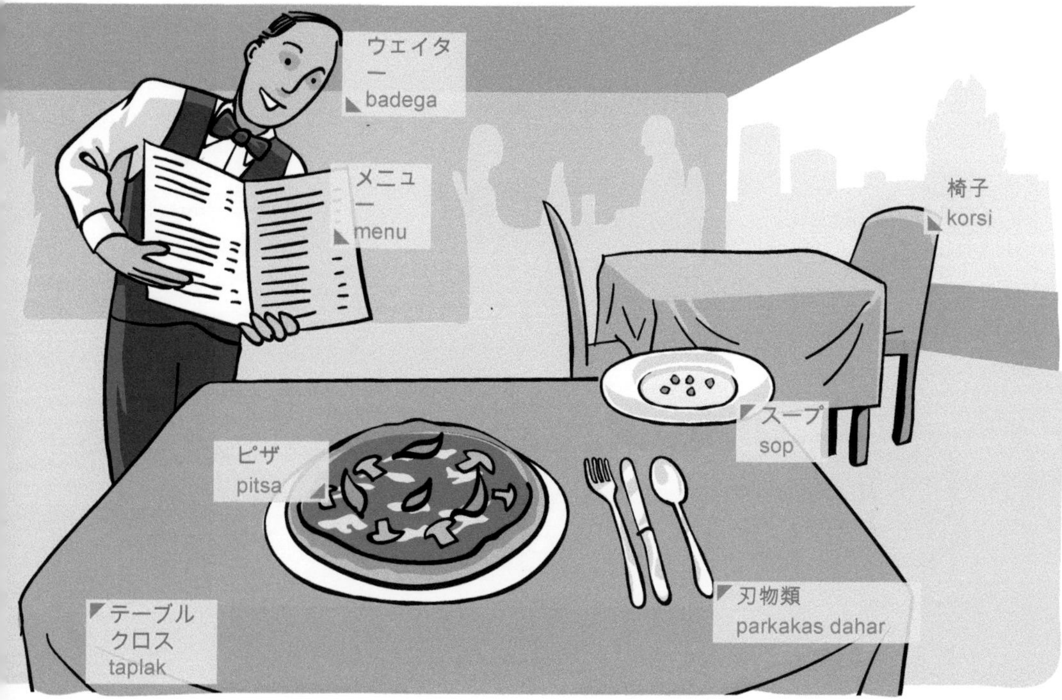

ウェイター
badega
メニュー
menu
椅子
korsi
スープ
sop
ピザ
pitsa
刃物類
parkakas dahar
テーブルクロス
taplak

前菜

hidangan pembuka

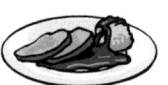

メインコース

hidapan utama

デザート

hidangan penutup

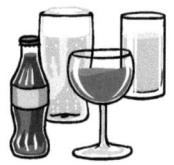

飲み物

inuman

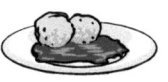

食べ物

dahareun

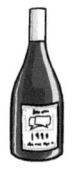

ボトル

botol

ファストフード

dahareun cepat saji

屋台の食べ物

jajanan sisi jalan

ティーポット

téko téh

砂糖入れ

wadah gula

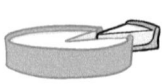

一人前

porsi

エスプレッソマシン

mesin éspréso

幼児用食事椅子

korsi jangkung

請求書

tagihan

トレー

baki

ナイフ

péso

フォーク

garpu

スプーン

séndok

ティースプーン

séndok téh

ナプキン

serbét

グラス

gelas

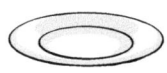

皿
piring

スープ皿
mangkok sop

受け皿
pisin

ソース
saos

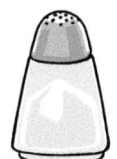

塩入れ
wadah uyah

ペッパーミル
panggiling pedes

酢
cuka

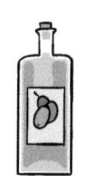

油
minyak

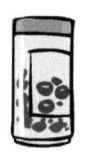

スパイス
bumbu

ケチャップ
saos tomat

マスタード
mustard

マヨネーズ
mayonés

スーパーマーケット

supermarkét

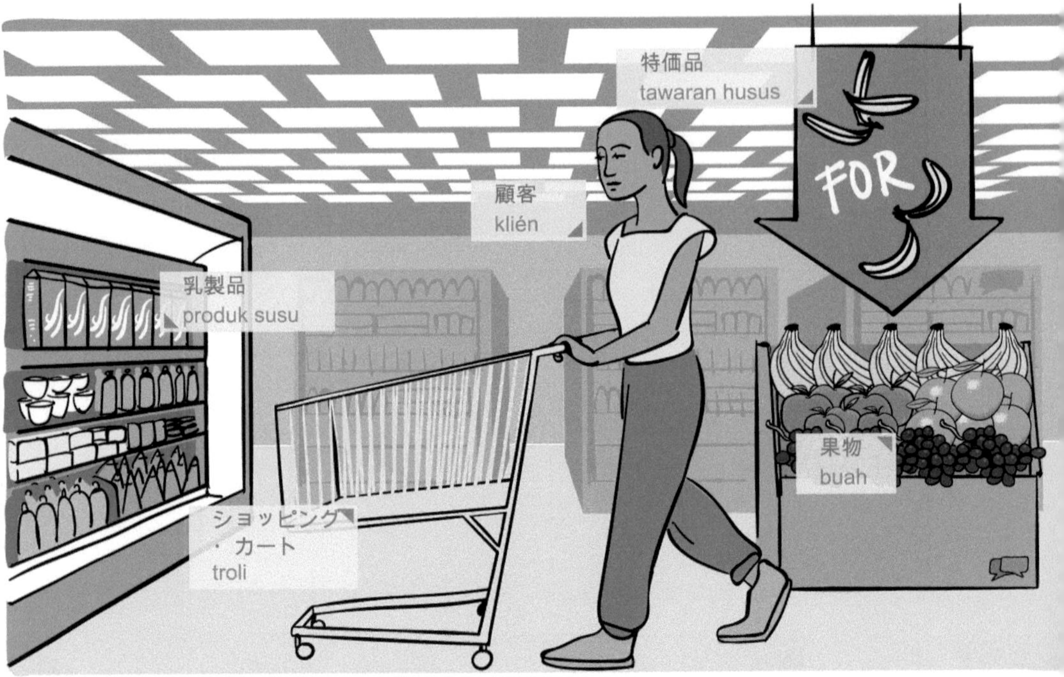

特価品
tawaran husus
FOR
顧客
klién
乳製品
produk susu
果物
buah
ショッピング・カート
troli

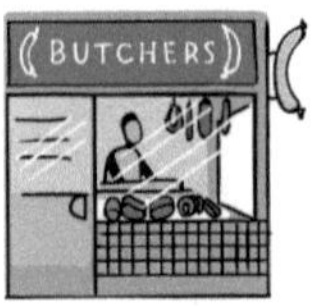

BUTCHERS

肉屋

tukang meuncit

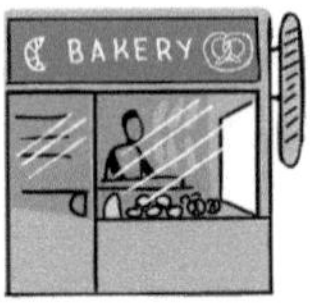

BAKERY

パン屋

toko roti

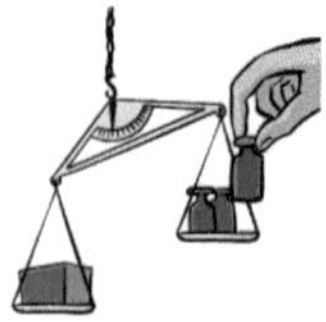

重さをはかる

nimbang

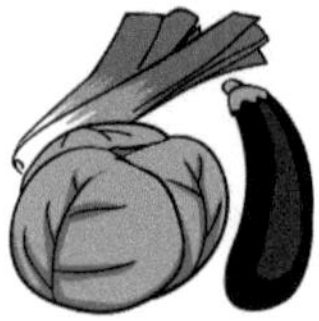

野菜

sayur

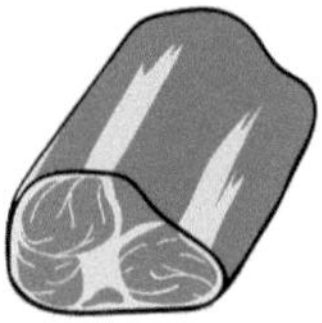

肉

daging

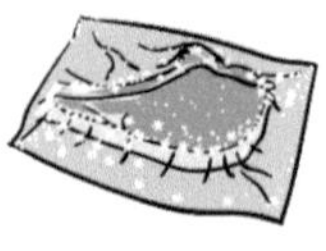

冷凍食品

tuangeun beku

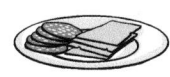

冷肉の薄切り

alat potong daging

缶詰食品

dahareun kaléng

洗剤

sabun serbuk

菓子

permén

家庭用品

perkakas rumah tangga

清掃用品

produk pembersih

販売員

tukang jualan

現金箱

kasa

レジ係

kasir

買い物リスト

daftar balanja

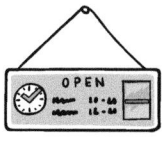

開館時刻

jam buka

財布

dompét

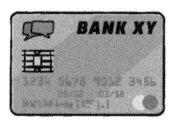

クレジットカード

kartu krédit

バッグ

kantong

ポリ袋

kantong palastik

水

cai

ジュース

jus

牛乳

susu

コーラ

kola

ワイン

anggur

ビール

arak

アルコール

arak

ココア

coklat

紅茶

téh

コーヒー

kopi

エスプレッソ

éspréso

カプチーノ

kapucino

バナナ

pisang

リンゴ

apel

オレンジ

jeruk

メロン

samangka

レモン

lémon

ニンジン

wortel

ニンニク

bawang bodas

竹

awi

玉ねぎ

bawang bombai

キノコ

suung

ナッツ

suuk

ヌードル

emih

スパゲッティ

spagéti

米

sangu

サラダ

salat

フライドポテト

kentang goréng

フライドポテト

kentang goréng

ピザ

pitsa

ハンバーガー

hamburger

サンドウィッチ

roti lapis

カツレツ

sakeureut daging

ハム

ham

サラミ

salami

ソーセージ

sosis

鶏肉

hayam

焼き

ngagoreng

魚

lauk

麦のお粥

bubur gandum

ムーズリ

séréal

コーンフレーク

cornflakes

小麦粉

tarigu

クロワッサン

croissant

ロールパン

roti

パン

roti

トースト

roti panggang

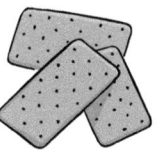

ビスケット

biskuit

バター

mantéga

カッテージチーズ

dadih

ケーキ

kuéh

卵

endog

目玉焼き

goréng endog

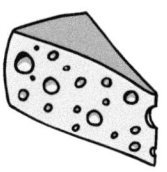

チーズ

keju

アイスクリーム

eskrim

砂糖

gula

はちみつ

madu

ジャム

selé

ヌガークリーム

krim coklat

カレー

karé

農場
pertanian

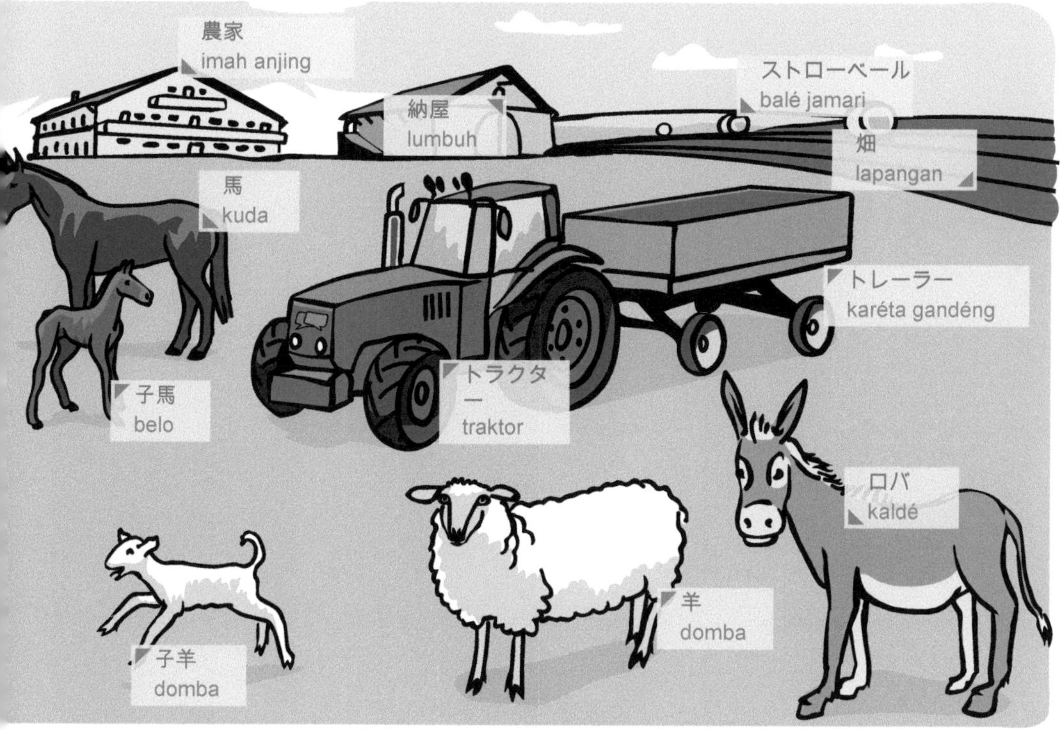

農家
imah anjing
納屋
lumbuh
ストローベール
balé jamari
畑
lapangan
馬
kuda
トレーラー
karéta gandéng
子馬
belo
トラクター
traktor
ロバ
kaldé
羊
domba
子羊
domba

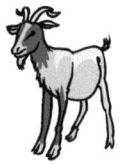

ヤギ

embé

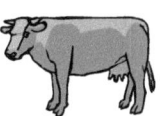

雌牛

sapi

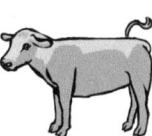

子牛

bitis

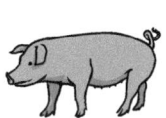

豚

bagong

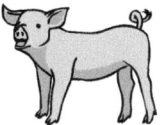

子豚

babi

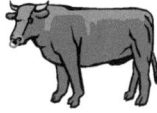

雄牛

banténg

ガチョウ

soang

アヒル

éntog

ひよこ

pitik

にわとり

hayam

おんどり

hayam jago

ネズミ

beurit

猫

ucing

ねずみ

beurit

雄牛

sapi

犬

anjing

犬小屋

imah anjing

散水ホース

selang

じょうろ

kaléng nyiram

大鎌

arit panjang

すき

ngabajak

草刈り鎌

arit

くわ

pacul

堆肥用フォーク

garpuh jukut

斧

kapak

手押し車

gorobah

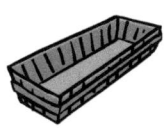

かいばおけ

palung

牛乳缶

kaléng susu

袋

karung

フェンス

pager

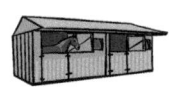

畜舎

kandang

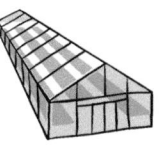

温室

imah kaca

土壌

taneuh

種

benih

肥料

pupuk

コンバイン

mesin permén

収穫する

panén

収穫

panén

ヤマイモ

yams

小麦

gandum

大豆

kedelé

じゃがいも

kentang

トウモロコシ

jagong

菜種

lobak

果樹

tangkal buah

キャッサバ

sampeu

穀物

séréal

imah

煙突
serebung

屋根
hateup

排水管
pipa talang

窓
jandéla

車庫
garasi

呼び鈴
bél panto

ドア
panto

ゴミ箱
runtah

郵便受け
kotak surat

庭
kebon

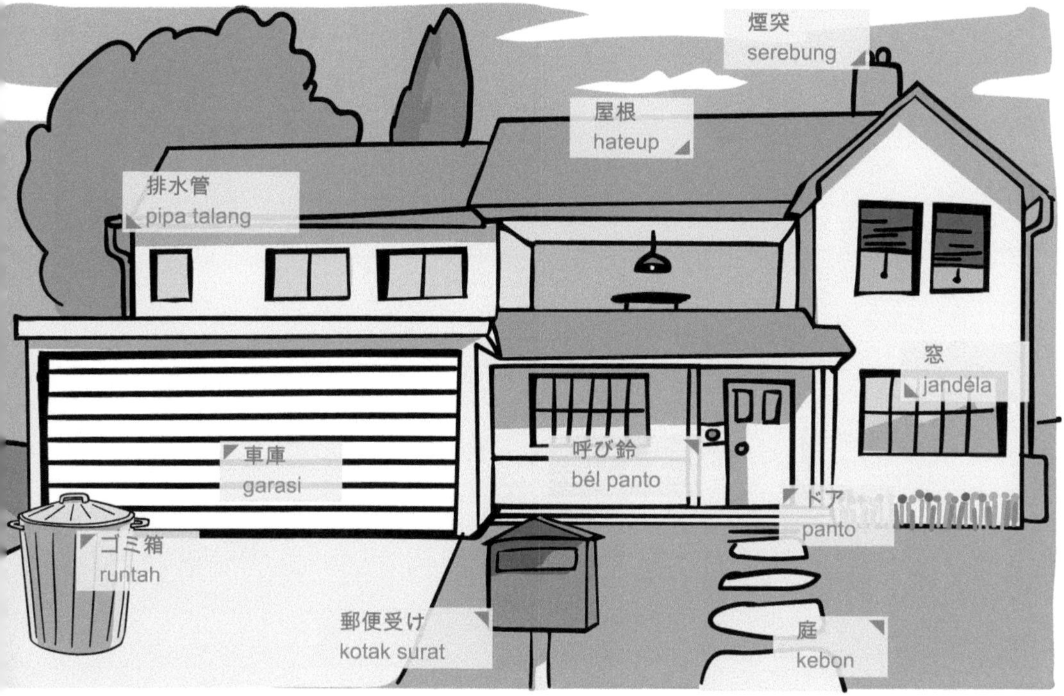

リビングルーム

rohang tamu

浴室

kamar ibak

台所

dapur

寝室

pangkéng

子供部屋

kamar budak

ダイニング・ルーム

kamar makan

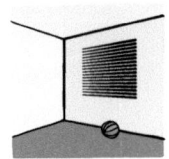

床
téhel

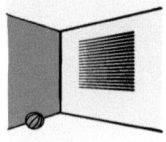

壁
tembok

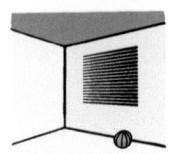

天井
hateup

地下貯蔵庫
gudang di handap imah

サウナ
sauna

バルコニー
balkon

テラス
tepas

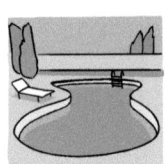

プール
kolam renang

芝刈り機
mesin pamotong jukut

シーツ
sepré

ベッドカバー
simbut

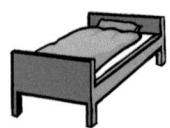

ベッド
ranjang

ほうき
sapu

バケツ
émbér

スイッチ
tombol

リビングルーム
rohang tamu

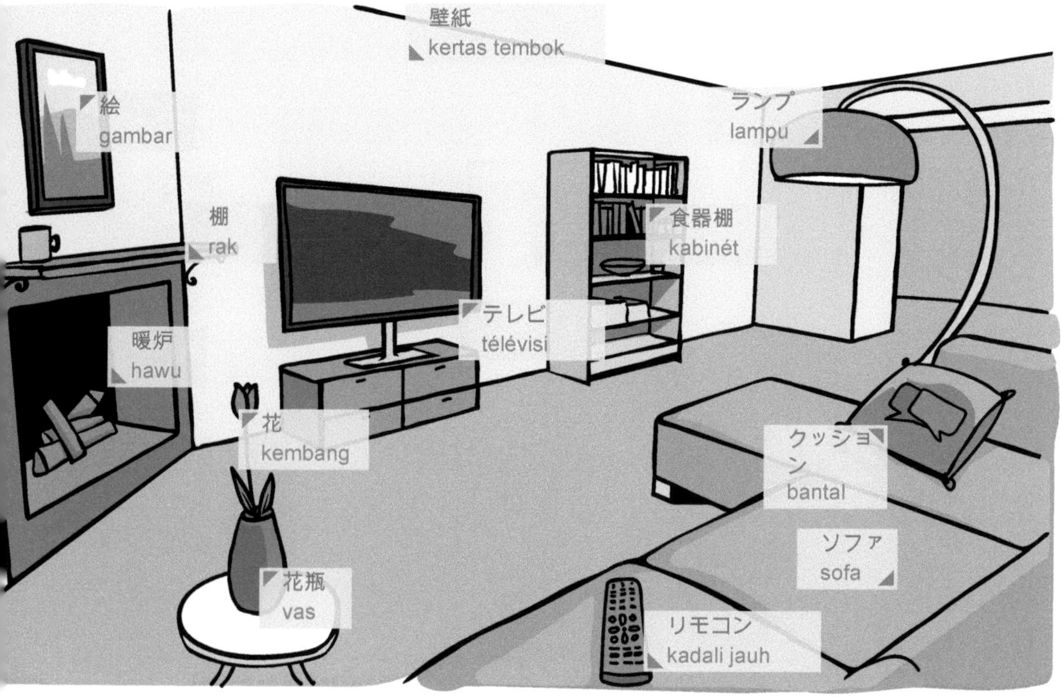

壁紙
kertas tembok
絵
gambar
ランプ
lampu
棚
rak
食器棚
kabinét
テレビ
télévisi
暖炉
hawu
花
kembang
クッション
bantal
ソファ
sofa
花瓶
vas
リモコン
kadali jauh

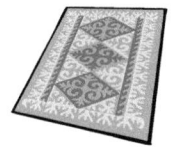

カーペット

karpét

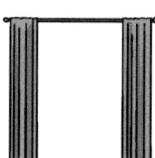

カーテン

hordéng

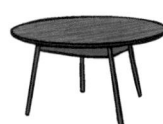

テーブル

meja

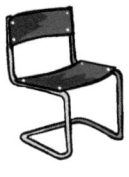

椅子

korsi

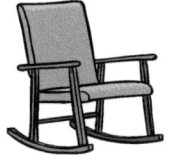

ロッキングチェア

korsi goyang

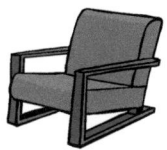

ひじ掛け椅子

korsi malas

本
buku

毛布
simbut

飾り
dékorasi

たきぎ
suluh

映画
pilem

ステレオ
hi-fi

鍵
konci

新聞
surat kabar

絵画
lukisan

ポスター
poster

ラジオ
radio

メモ帳
buku tulis

掃除機
panyedot kebul

サボテン
kaktus

ろうそく
lilin

台所
dapur

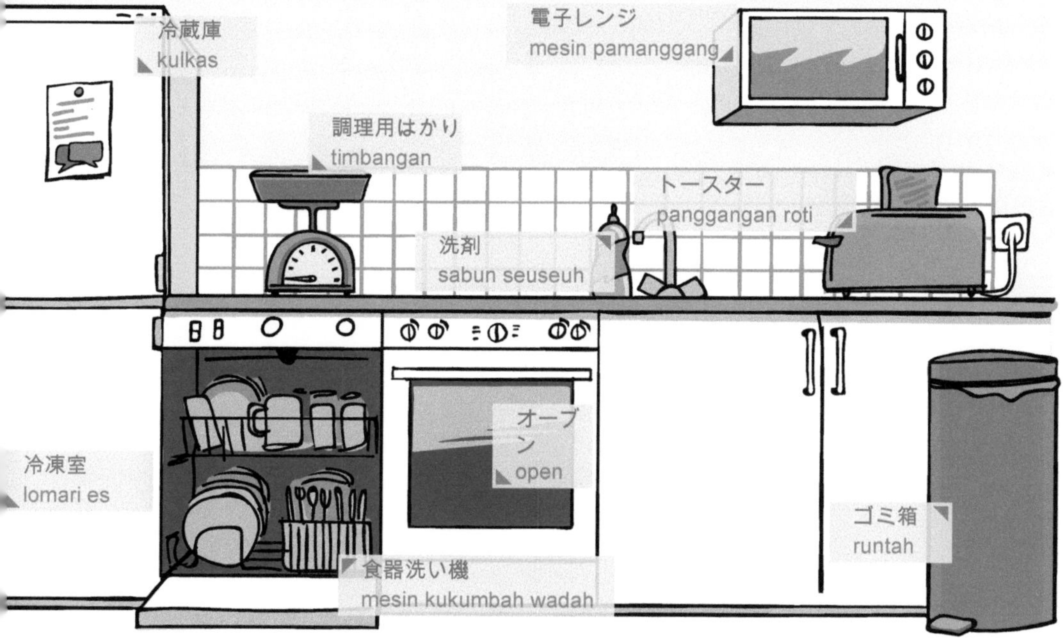

冷蔵庫
kulkas
電子レンジ
mesin pamanggang
調理用はかり
timbangan
トースター
panggangan roti
洗剤
sabun seuseuh
オーブン
open
冷凍室
lomari es
ゴミ箱
runtah
食器洗い機
mesin kukumbah wadah

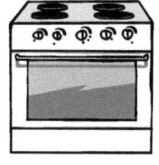

こんろ

kompor

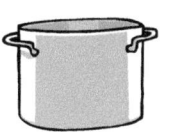

鍋

panci

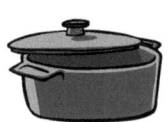

鉄鍋

panci beusi

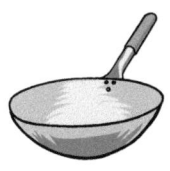

中華鍋/ カダイ鍋

katél

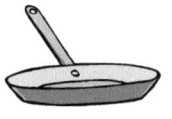

フライパン

panci

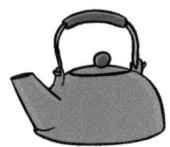

やかん

citél

蒸し器

langseng

天板

baki

食器

piring

マグカップ

cangkir

ボウル

mangkok

箸

sumpit

おたま

sendok sop

へら

sérok

泡立て器

pangocok

こし器

ayakan

ふるい

saringan

すりおろし器

parutan

すり鉢

mortar

バーベキュー

daging bakar

かまど

suluh

まな板

papan pamotong

麺棒

gilingan

栓抜き

alat pambuka tutup botol

缶

kaléng

缶切り

pambuka kaléng

鍋つかみ

gagang panci

流し

tilelep

ブラシ

sikat

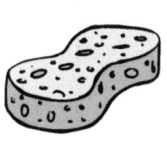

スポンジ

busa

ミキサー

blénder

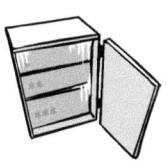

冷凍庫

lomari es

哺乳瓶

botol orok

蛇口

keran

浴室

kamar ibak

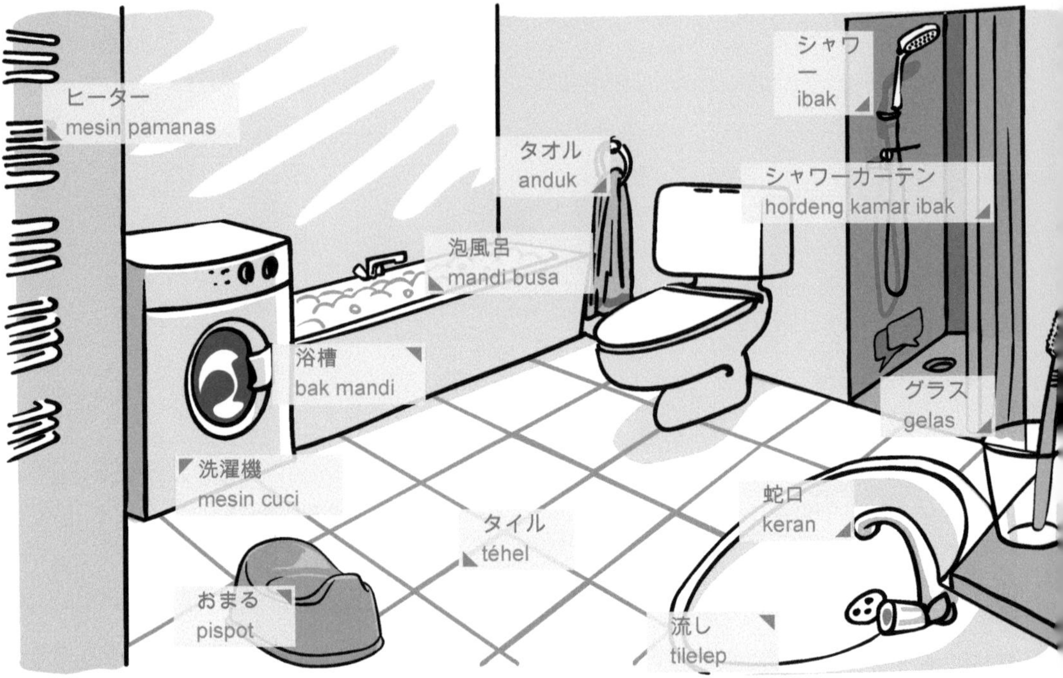

ヒーター
mesin pamanas
タオル
anduk
シャワー
ibak
シャワーカーテン
hordeng kamar ibak
泡風呂
mandi busa
浴槽
bak mandi
グラス
gelas
洗濯機
mesin cuci
蛇口
keran
タイル
téhel
おまる
pispot
流し
tilelep

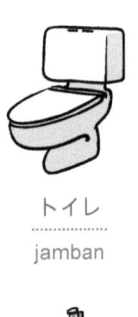

トイレ

jamban

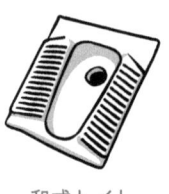

和式トイレ

cubluk

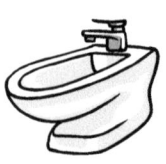

ビデ

bidét

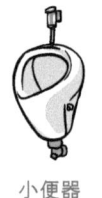

小便器

urinal

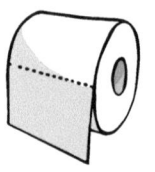

トイレットペーパー

kertas jamban

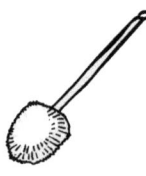

トイレブラシ

sikat jamban

歯ブラシ

sikat huntu

歯みがき

odol

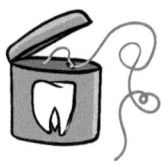

デンタルフロス

benang gigi

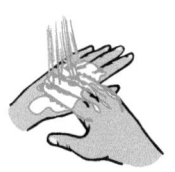

洗う

nyeuseuh

シャワーヘッド

kokocoran leungeun

ハンドビデ

kukucuran

洗面台

bak

ボディブラシ

panyikat tonggong

石鹸

sabun

シャワー用ジェル

gel ibak

シャンプー

sampo

浴用タオル

planél

排水口

nguras

クリーム

krim

消臭

déodoran

浴室 - kamar ibak

鏡

eunteung

手鏡

eunteung leungeun

かみそり

péso cukur

シェービング・フォーム

busa cukur

アフターシェーブローショ
ン

krim cukur

櫛

sisir

ブラシ

sikat

ドライヤー

alat panggaring rambut

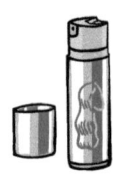

ヘアスプレー

semprotan rambut

化粧

pangrias beungeut

口紅

lipstik

マニキュア

cét kuku

脱脂綿

kapas

爪切り

gunting kuku

香水

minyak seungit

洗面用具入れ

kantong seuseuh

スツール

bangku

体重計

timbangan

バスローブ

baju mandi

ゴム手袋

sarung tangan karét

タンポン

sampon

生理用ナプキン

handuk pembalut

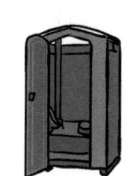

ケミカルトイレ

jamban kimia

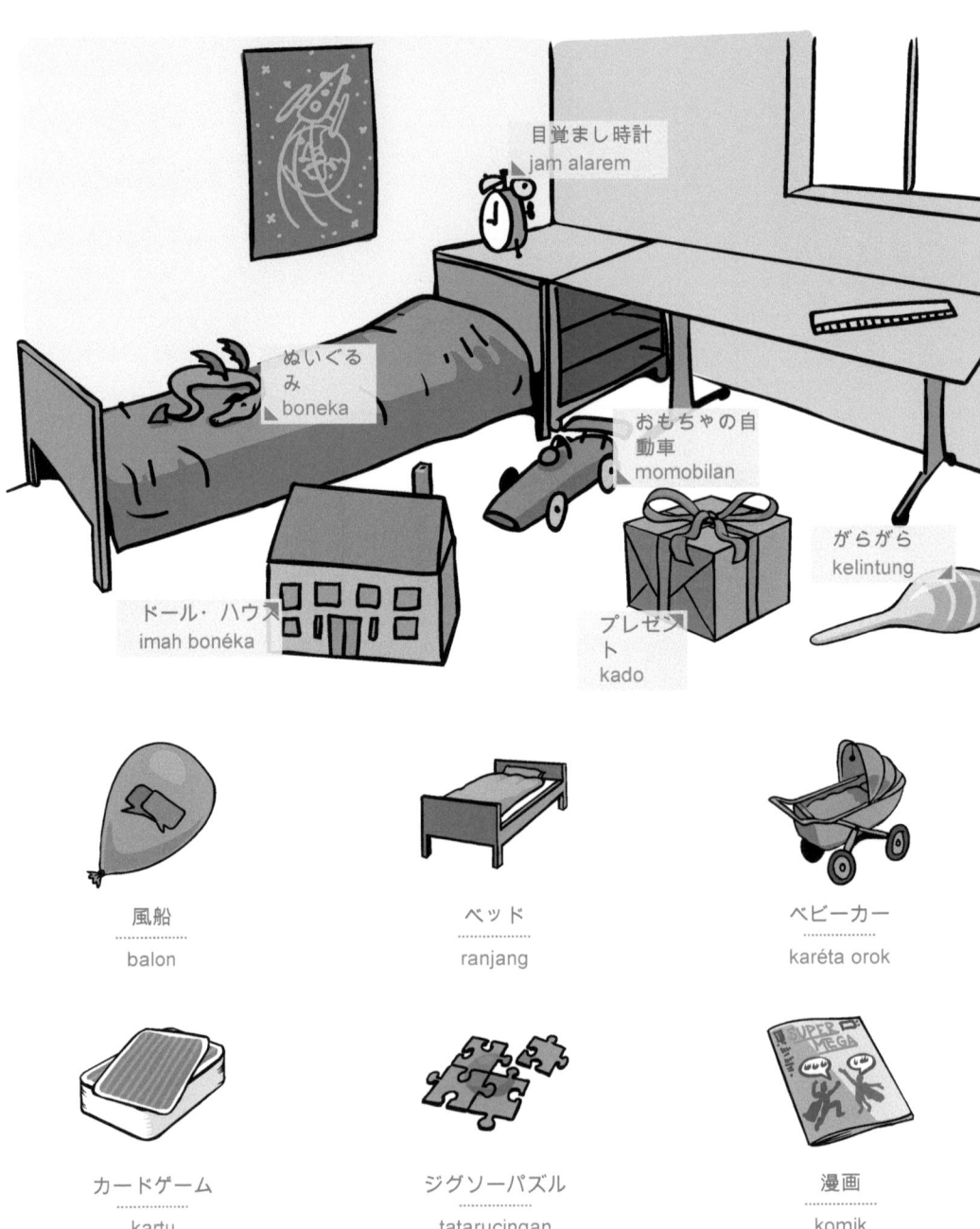

目覚まし時計
jam alarem

ぬいぐるみ
boneka

おもちゃの自動車
momobilan

がらがら
kelintung

ドール・ハウス
imah bonéka

プレゼント
kado

風船
balon

ベッド
ranjang

ベビーカー
karéta orok

カードゲーム
kartu

ジグソーパズル
tatarucingan

漫画
komik

レゴ

kaulinan lego

玩具ブロック

kaulinan bentuk blok

アクションフィギュア

figur tokoh

ロンパース

baju budak

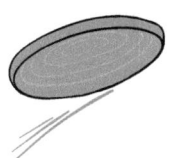

フリスビー

frisbee

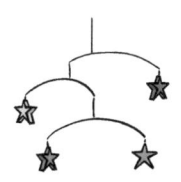

モバイル

mobile

ボードゲーム

papan gim

さいころ

dadu

鉄道模型

set model kareta api

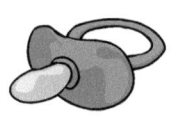

おしゃぶり

endot

パーティー

pihak

絵本

buku gambar

ボール

bal

人形

bonéka

遊ぶ

ulin

砂場

wadah pasir maénan

ブランコ

ayunan

おもちゃ

kaulinan

ゲーム機

video gim konsol

三輪車

sapedah roda tilu

テディベア

bonéka beruang

衣装ダンス

lomari baju

衣服

acuk

靴下

kaos kaki

ストッキング

kaos kaki

タイツ

baju ketat

スカーフ
syal

ベルト
beubeur

雨傘
payung

Tシャツ
kaos

スニーカー
sapatu

ブーツ
sapatu bot

スリッパ
sendal

サンダル
sendal

靴
sapatu

ゴム長靴
sapatu bot karét

パンツ
cangcut

ブラ
kutang

ベスト
baju rompi

ボディースーツ

awak

ズボン

calana

ジーンズ

jins

スカート

rok

ブラウス

blus

シャツ

kaméja

セーター

jakét tiung

パーカー

baju haneut

ブレザー

jakét

ジャケット

jakét

コート

jakét

レインコート

jas hujan

服装

kostum

ドレス

gaun

ウェディングドレス

gaun pangantén

スーツ

baju resmi

ナイトガウン

baju saré

パジャマ

piyama

サリー

sari

ヘッドスカーフ

tiung

ターバン

turban

ブルカ

burka

カフタン

kaftan

アバヤ

abaya

水着

baju renang

トランクス

calana renang

半ズボン

calana péndék

スウェットスーツ

orang raga

エプロン

celemék

手袋

sarung tangan

ボタン

kancing

メガネ

kaca soca

ブレスレット

gelang

ネックレス

kongkorong

指輪

ali

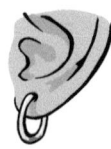

イヤリング

giwang

帽子

topi

ハンガー

gantungan jakét

帽子

topi

ネクタイ

dasi

ファスナー

risléting

ヘルメット

hélem

サスペンダー

tali salémpang

制服

saragam sakola

ユニフォーム

saragam

よだれかけ

apron orok

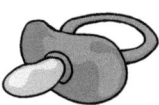

おしゃぶり

endot

おむつ

popok

オフィス
kantor

サーバ
server

書類キャビネット
lomari arsip

プリンター
panyetak

モニター
layar

紙
kertas

マウス
mouse komputer

事務机
méja gawé

フォルダー
tempat pangarsipan

キーボード
papan tombol

椅子
korsi

ごみ箱
wadah runtah

コンピューター
komputer

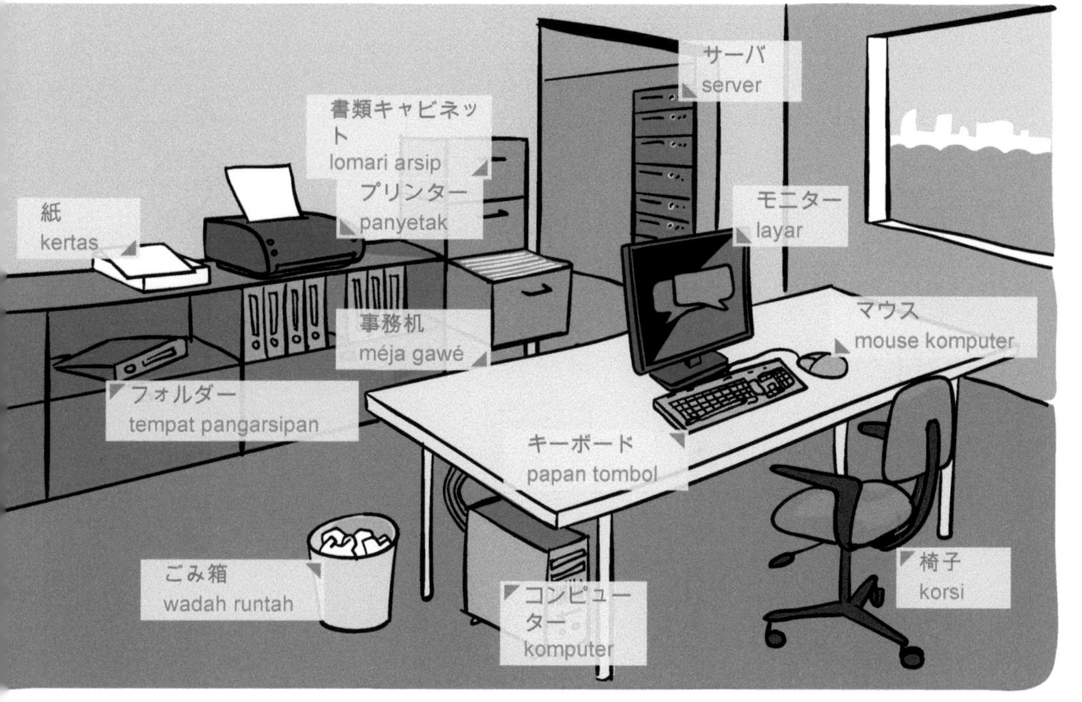

コーヒーマグ

cangkir kopi

計算機

kalkulator

インターネット

internét

オフィス - kantor

ラップトップ

laptop

手紙

surat

メッセージ

pesen

携帯電話

telpon sélulér

ネットワーク

jaringan

コピー機

fotokopi

ソフトウェア

software

電話

telpon

コンセント

plug sokét

ファックス

mesin fax

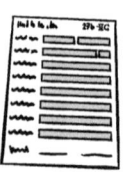

フォーム

formulir

書類

dokumén

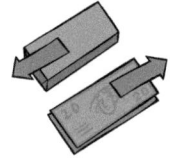

買う

mésér

支払う

mayar

取引する

dagang

お金

artos

ドル

dollar

ユーロ

euro

円

yen

ルーブル

rubel

スイスフラン

Franc swiss

人民元

renminbi yuan

ルピー

rupiah

キャッシュポイント

ATM

両替所

kantor pertukaran mata uang

金

emas

銀

pérak

油

minyak

エネルギー

énérgi

価格

harga

契約

kontrak

税金

pajak

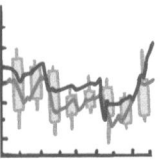

株

saham

働く

gawé

従業員

karyawan

雇用主

dunungan

工場

pabril

ショップ

toko

pagawéan

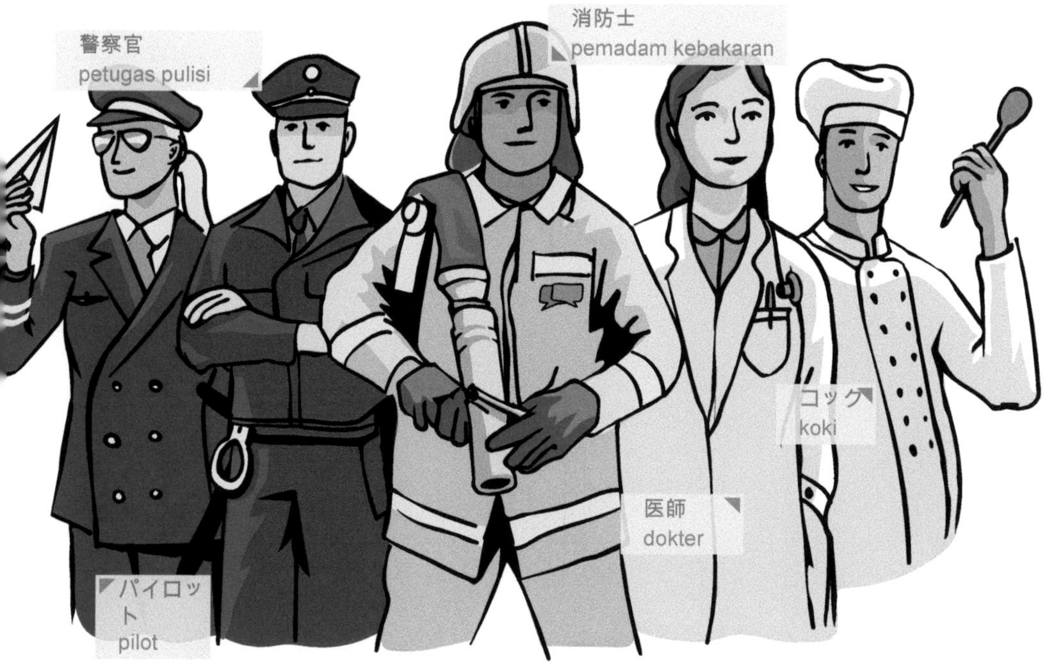
警察官
petugas pulisi
消防士
pemadam kebakaran
コック
koki
医師
dokter
パイロット
pilot

庭師

tukan kebon

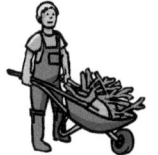

大工

tukang kai

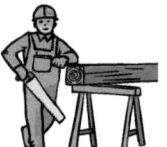

お針子

tukang jait awéwé

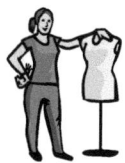

裁判官

hakim

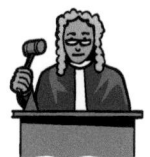

化学者

ahli kimia

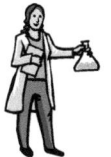

俳優

aktor

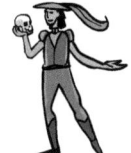

バスの運転手

sopir beus

タクシー運転手

sopir taksi

漁師

nalayan

掃除婦

pembantu

屋根ふき職人

tukang hateup

ウェイター

badega

ハンター

tukang muru

塗装工

pelukis

パン屋

tukang roti

電気工

tukang listrik

建設作業員

tukang bangun

エンジニア

insinyur

肉屋

tukang daging

配管工

tukang pipa

郵便配達人

tukang pos

軍人

tentara

建築家

arsiték

レジ係

kasir

花屋

tukang kembang

美容師

tukang salon

車掌

konduktor

機械工

tukang méngkél

キャプテン

kaptén

歯科医

dokter gigi

科学者

ilmuwan

ラビ

rabbi

イスラム導師

imam

修道士

biarawan

牧師

pendéta

道具

alat

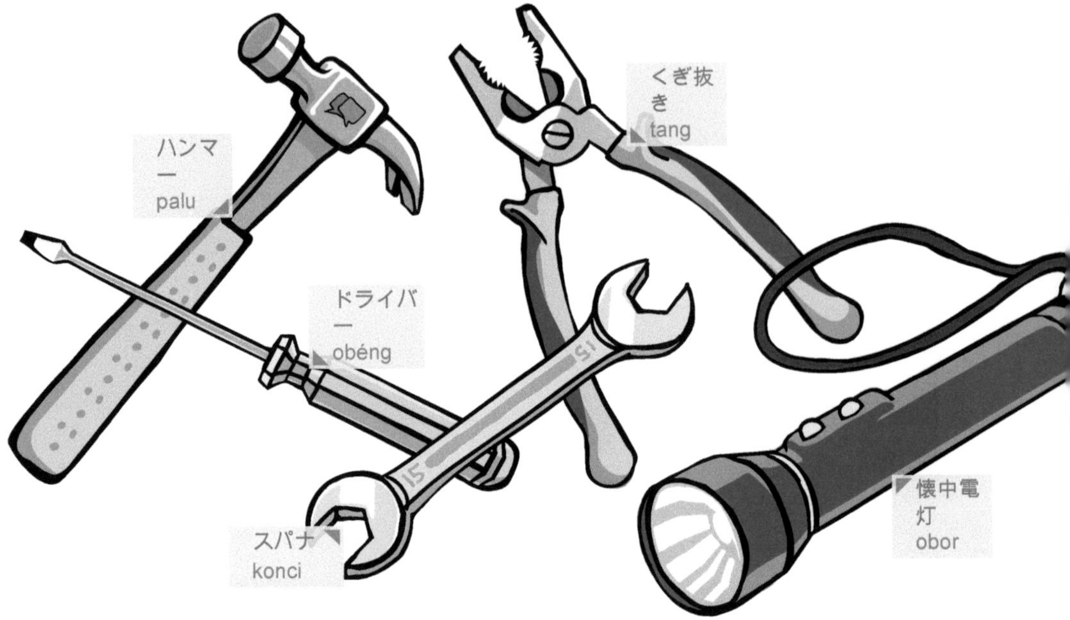

ハンマー
palu
くぎ抜き
tang
ドライバー
obéng
スパナ
konci
懐中電灯
obor

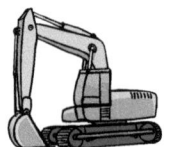

掘削機

panggali

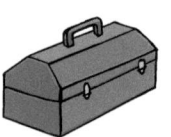

道具箱

kantong parkakas

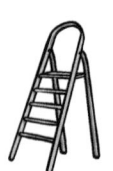

はしご

tangga

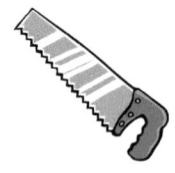

のこぎり

ragaji

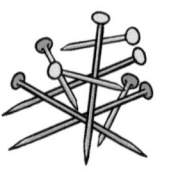

釘

paku

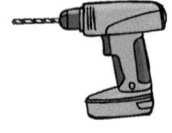

ドリル

bor

修理する

ngabenerkeun

シャベル

sekop

クソ！

Kéhéd!

ちりとり

pengki

ペンキ缶

pot cét

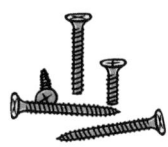

ネジ

sekrup bor

楽器

alat musik

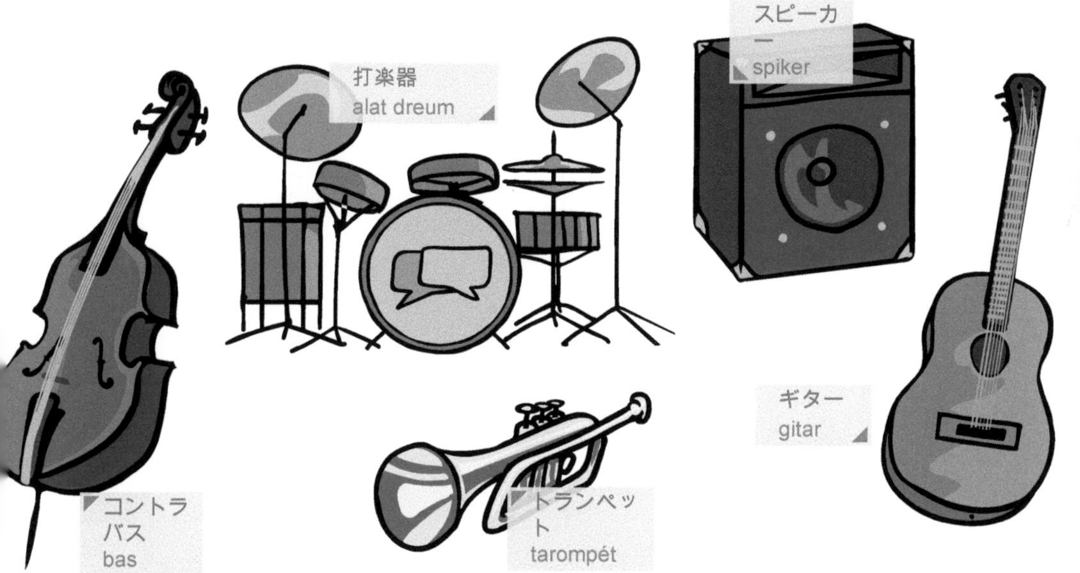

スピーカー
spiker

打楽器
alat dreum

ギター
gitar

コントラバス
bas

トランペット
tarompét

ピアノ

piano

バイオリン

violin

バス

bas

ティンパニ

tambur

ドラム

dreum

キーボード

keyboard

サックス

saksofon

フルート

suling

マイクロフォン

mikrofon

動物園

kebon binatang

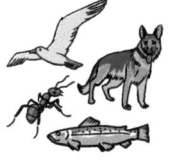

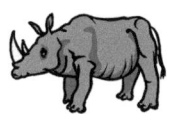

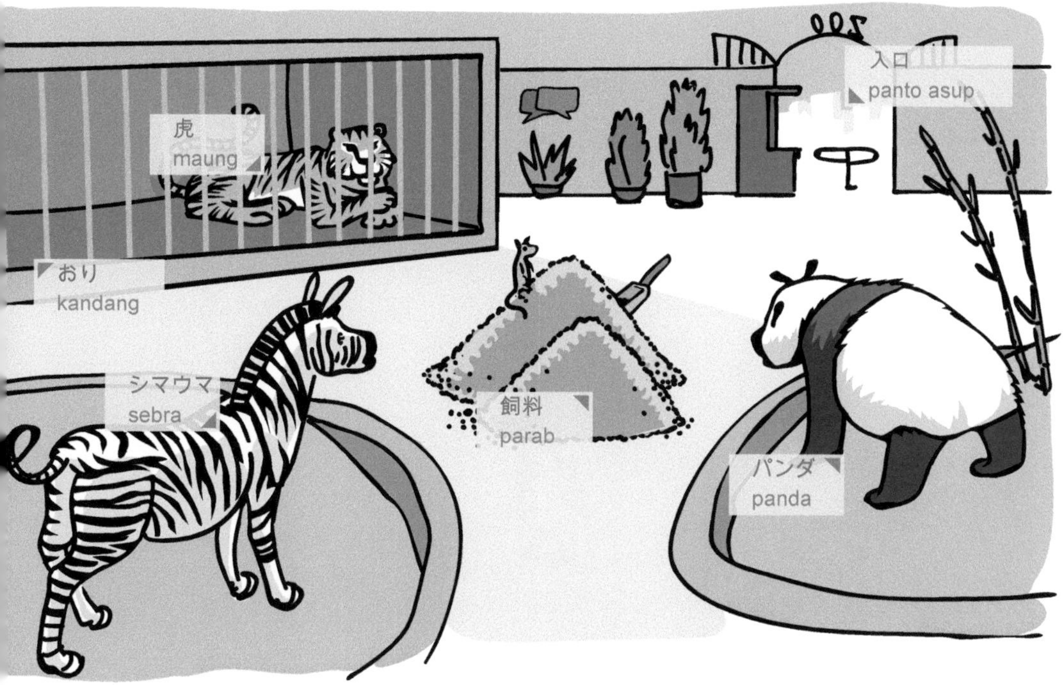

虎
maung
入口
panto asup
おり
kandang
シマウマ
sebra
飼料
parab
パンダ
panda

動物

sato

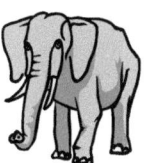

象

gajah

カンガルー

kanguru

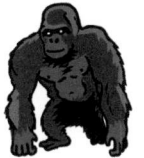

サイ

badak

ゴリラ

gorila

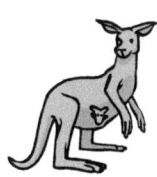

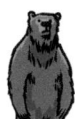

熊

biruang

ラクダ

onta

ダチョウ

manuk onta

ライオン

singa

猿

monyét

フラミンゴ

flamingo

オウム

manuk béo

白クマ

biruang polar

ペンギン

penguin

サメ

hiu

クジャク

merak

蛇

oray

ワニ

buaya

飼育係

tukang jaga kebon binatang

アザラシ

anjing laut

ジャガー

jaguar

ポニー
kuda poni

ヒョウ
macan tutul

カバ
kuda nil

キリン
jerapah

鷲
heulang

雄豚
bagong

魚
lauk

亀
kuya

セイウチ
anjing laut

狐
robah

ガゼル
kijang

アメフト
sepak bola Amérika

サイクリング
sasapédahan

テニス
ténis

バスケット
ボール
baskét

水泳
renang

ボクシン
グ
tinju

アイスホ
ッケー
hoki és

サッカー
sépak bola

バドミントン
badminton

陸上競技
atletik

ハンドボール
bola tangan

スキー
ski

ポロ
polo

跳ぶ
gaganjleng

抱きしめる
nangkeup

笑う
seuri

歩く
leumpang

歌う
nyanyi

祈る
ngadoa

キス
nyium

夢見る
ngimpén

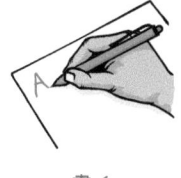

書く
nyerat / nulis

描く
ngalukis

示す
ningalikeun

押す
ngadorong

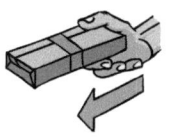

与える
méré

取る
mawa

持っている

boga

する

ngalakukeun

ある

nya éta

立つ

tatih

走る

lumpat

引く

narik

投げる

malédog

落ちる

ragrag

横たわっている

saré

待つ

nungguan

運ぶ

nyandak

座る

diuk

着る

anggé acuk

眠る

saré

目が覚める

hudang

見る
ningali

泣く
méwék

なでる
ngusapan

櫛ですく
nyisir

話す
nyarita

理解する
ngarti

質問する
naros

聞く
ngadéngé

飲む
nginum

食べる
dahar

片づける
bébérés

愛する
bogoh

料理する
masak

運転する
nyetir

飛ぶ
hiber

ヨットに乗る

balayar

計算する

ngitung

読む

maca

学ぶ

diajar

働く

gawé

結婚する

kawin

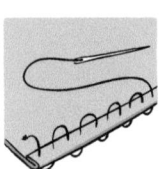

縫う

ngajait

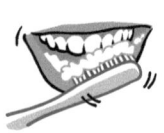

歯を磨く

sikat huntu

殺す

maéhan

喫煙する

ngarokok

送る

ngirim

祖母
nini

祖父
aki

父
bapak

母
emak

赤ん坊
orok

娘
budak awéwé

息子
budak lalaki

お客様

tamu

おば

bibi

おじ

emang

兄弟

aa

姉妹

tétéh

体
awak

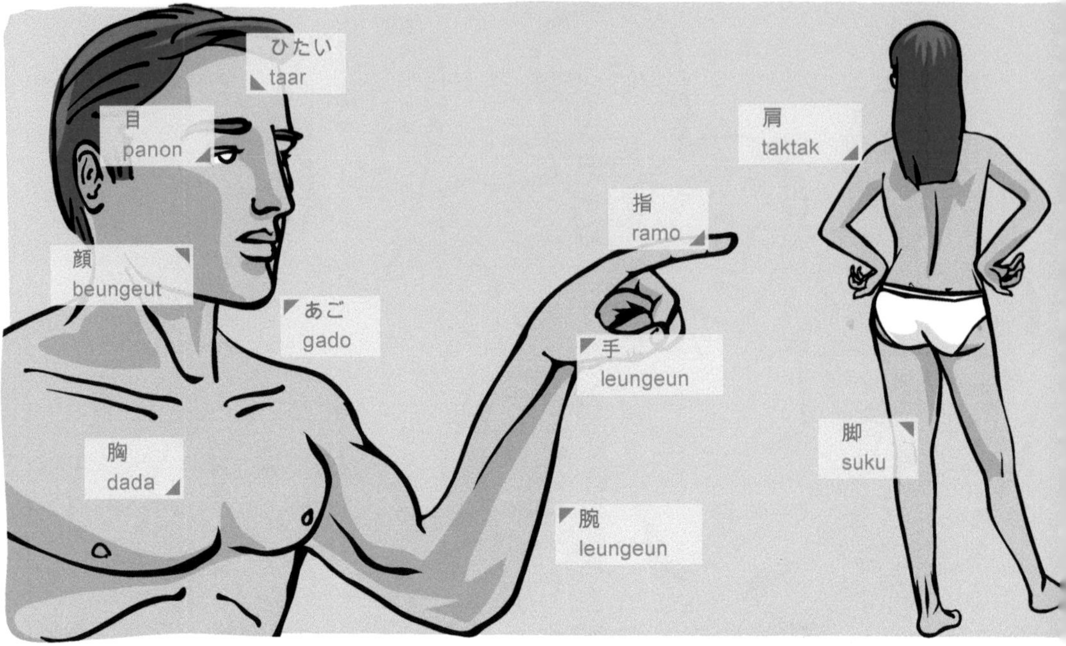

ひたい
taar

目
panon

肩
taktak

指
ramo

顔
beungeut

あご
gado

手
leungeun

胸
dada

脚
suku

腕
leungeun

赤ん坊
orok

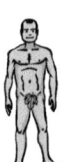

男性
lalaki

女性
awéwé

少女
awéwé

少年
lalaki

頭
sirah

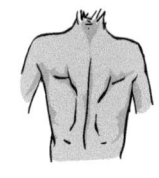

背中

tonggong

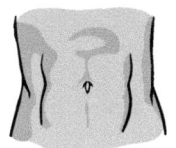

腹

beuteung

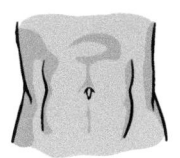

へそ

bujal

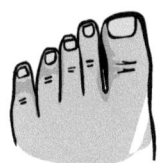

足指

jempol

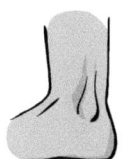

かかと

keuneung

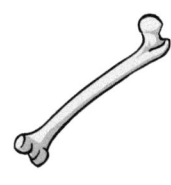

骨

tulang

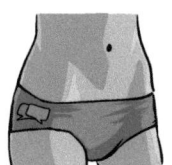

腰

cangkéng

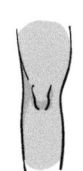

ひざ

tuur

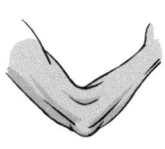

ひじ

sikut

鼻

irung

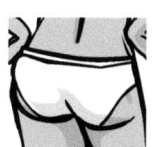

尻

bujur

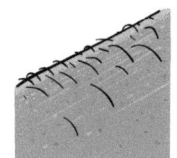

皮膚

kulit

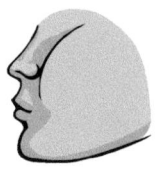

頬

pipi

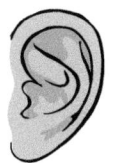

耳

ceuli

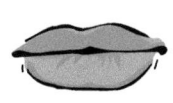

唇

biwir

体 - awak

口
baham

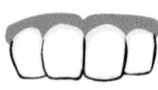

歯
huntu

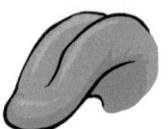

舌
létah

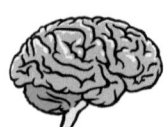

脳
uteuk

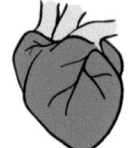

心臓
haté

筋肉
otot

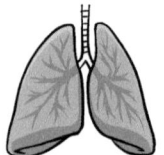

肺
bayah

肝臓
ati

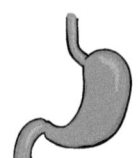

胃
lambung

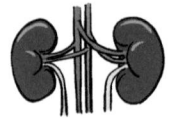

腎臓
ginjal

セックス
sapatemon

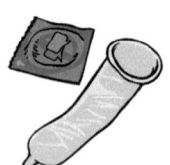

コンドーム
kondom

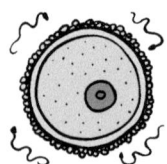

卵細胞
sél telur

精液
spérma

妊娠
kakandungan

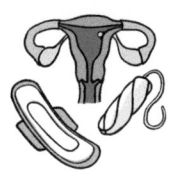

月経

haid

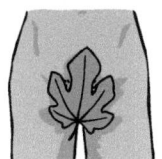

膣

heunceut

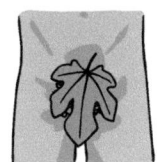

ペニス

sirit

眉

halis

髪

buuk

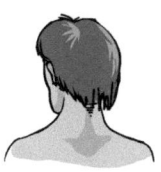

首

beuheung

体 - awak

病院

rumah sakit

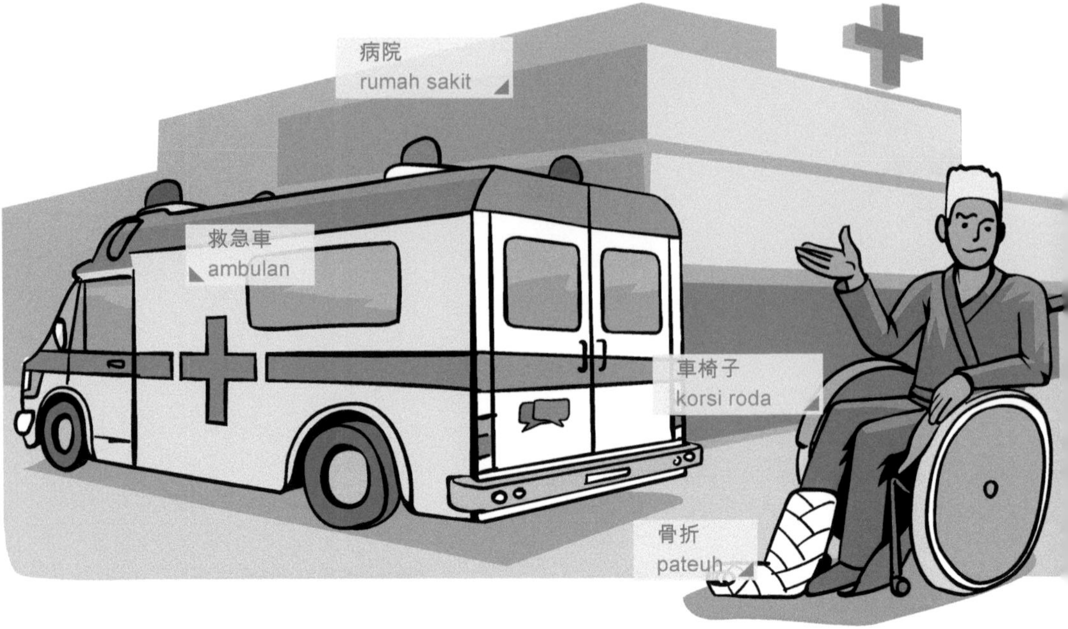

病院
rumah sakit
救急車
ambulan
車椅子
korsi roda
骨折
pateuh

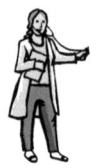

医師

dokter

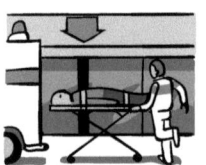

救急治療室

rohang darurat

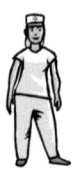

看護師

parawat

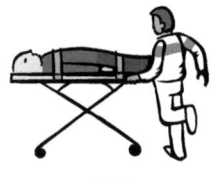

救急

darurat

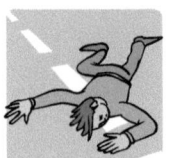

失神

pingsan

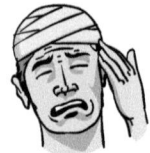

痛み

nyeri

けが
tatu

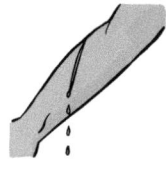

出血
ngaluarkeun getih

心臓発作
jantungan

脳卒中
strok

アレルギー
alérgi

咳
batuk

熱
muriang

インフルエンザ
salésma

下痢
birit

頭痛
rieut

癌
kanker

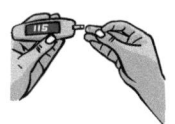

糖尿病
diabétés

外科医
ahli bedah

外科用メス
péso bedah

手術
operasi

CT

CT

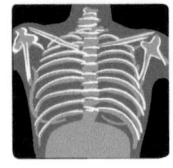

レントゲン

sinar x

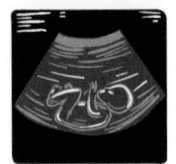

超音波

usg

マスク

topéng

病気

panyakit

待合室

rohang tunggu

松葉づえ

pangrojong

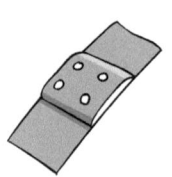

ばんそうこう

paléstér

包帯

perban

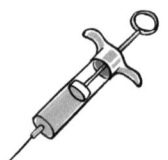

注射

injéksi

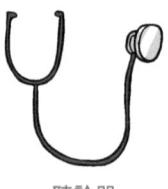

聴診器

stétoskop

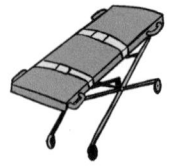

担架

tandu

体温計

termométer klinis

出産

kalahiran

肥満

obésitas

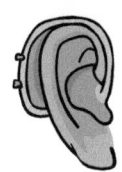

補聴器

alat bantu dédéngéan

消毒剤

désinféktan

感染

inféksi

ウイルス

virus

HIV / エイズ

HIV / AIDS

内服薬

obat

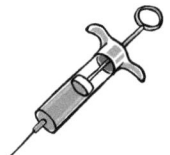

予防接種

vaksinasi

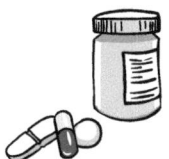

錠剤

tablét

ピル

pil

緊急電話

panggilan darurat

血圧計

ngukur ténsi

病気の / 健康な

gering / séhat

助けて！

Tulung!

アラーム

alarem

暴行

gangguan

攻撃

narajang

危険

bahaya

非常口

panto darurat

火事だ！

Seuneu!

消火器

alat pemadam kabakaran

事故

kacilakaan

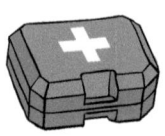

救急箱

kotak P3K

SOS

SOS

警察

pulisi

ヨーロッパ

Eropa

北米

Amérika Utara

南米

Amérika Selatan

アフリカ

Afrika

アジア

Asia

オーストラリア

Australi

大西洋

Atlantik

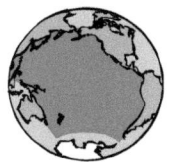

太平洋

Pasifik

インド洋

Samudra Hindia

南極海

Samudra Antartika

北極海

Samudra Arktik

北極

Kutub Utara

南極
Kutub Selatan

南極大陸
Antartika

地球
Bumi

陸
tanah

海
laut

島
pulau

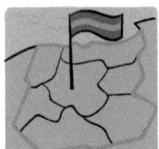

国家
bangsa

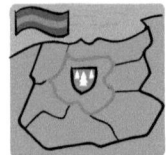

国家
nagara

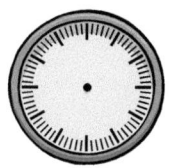

文字盤

jam wajah

短針

jarum péndék

長針

jarum menit

秒針

jarum detik

何時ですか？

Tabuh sabaraha?

日

poé

時間

waktos

現在

ayeuna

デジタル時計

jam digital

分

menit

時間

jam

週
minggu

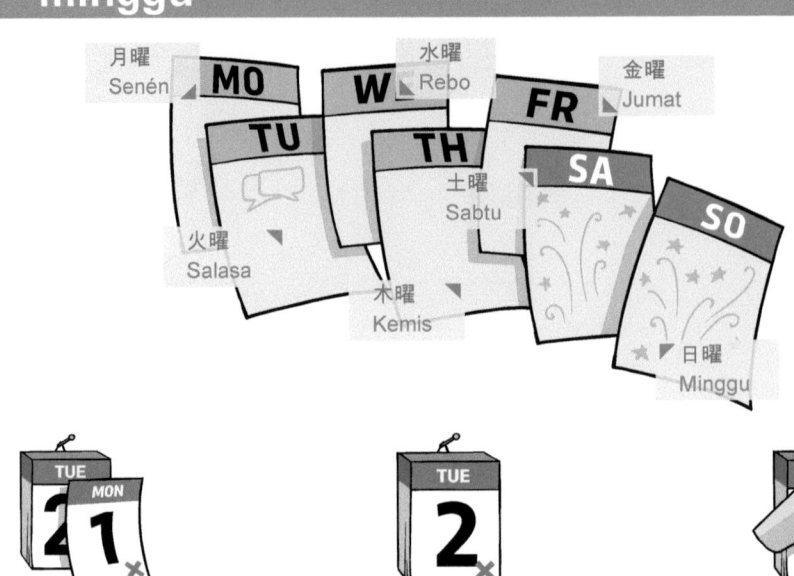

月曜 Senén — MO
火曜 Salasa — TU
水曜 Rebo — W
木曜 Kemis — TH
土曜 Sabtu — SA
金曜 Jumat — FR
日曜 Minggu — SO

昨日
....
kamari

今日
....
dinten ayeuna

明日
....
énjing

朝
....
énjing-énjing / isuk-isuk

昼
....
siang

夜
....
peuting

営業日
....
poé gawé

週末
....
akhir minggu

年

taun

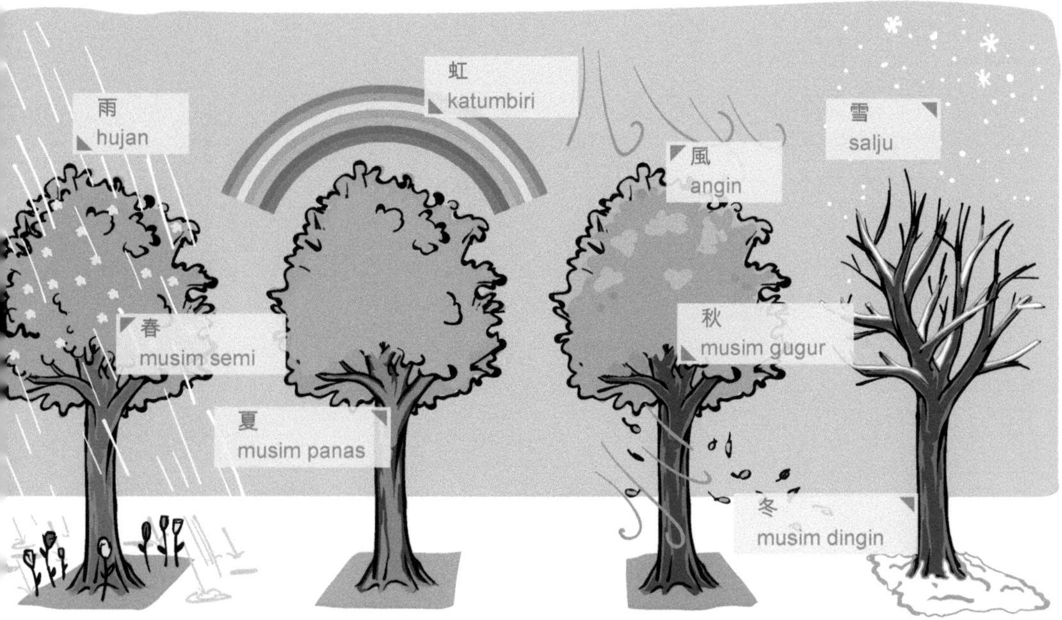

雨
hujan
虹
katumbiri
風
angin
雪
salju
春
musim semi
秋
musim gugur
夏
musim panas
冬
musim dingin

4.APRIL 11°
5.APRIL 4°
6.APRIL 13°
7.APRIL 8°
8.APRIL 10°

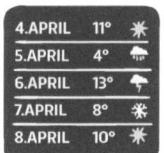

天気予報

ramalan cuaca

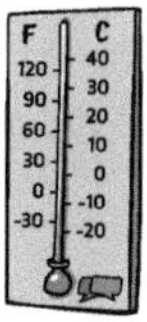

F C
120 40
90 30
60 20
30 10
0 0
-30 -10
-20

温度計

térmométer

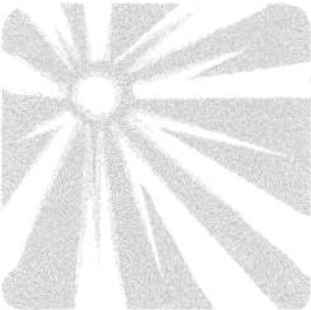

日差し

panon poé

雲

awan

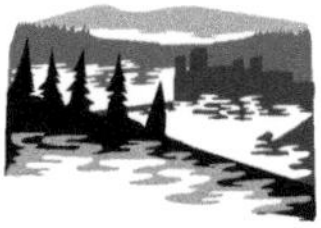

霧

pepedut

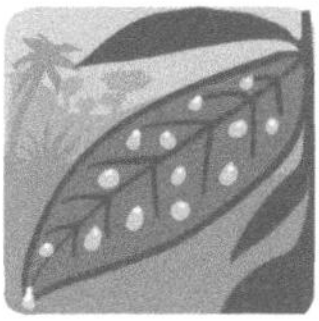

湿度

kelembaban

雷
gelap

雷
guntur

嵐
badai

ひょう
hujan és

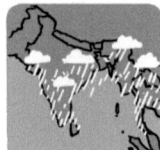

季節風
angin muson

洪水
caah

氷
és

1月
Januari

2月
Pébruari

3月
Maret

4月
April

5月
Mei

6月
Juni

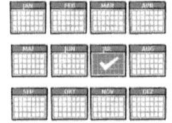

7月
Juli

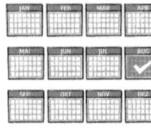

8月
Agustus

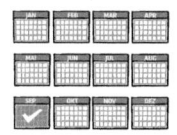

9月
....
Séptémber

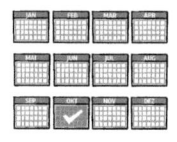

10月
....
Oktober

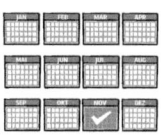

11月
....
Nopémber

12月
....
Désémber

形
bentuk

円
....
buleudan

正方形
....
persegi

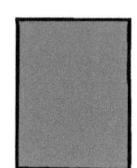

長方形
....
persegi panjang

三角
....
segi tiga

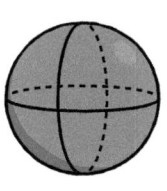

球
....
bola

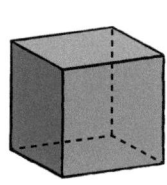

立方体
....
kubus

warna-warna

白

bodas

黄

konéng

オレンジ

oranyeu

ピンク

kayas

赤

beureum

紫

bungur

青

bulao

緑

héjo

茶

coklat

灰色

abu-abu

黒

hideung

多い / 少ない
loba / saeutik

怒っている /
落ち着いている
ambek / kalem

美しい / 醜い
geulis / goreng

初め / 終わり
ngamimitian / réngsé

大きい / 小さい
gedé / leutik

明るい / 暗い
caang / poék

兄弟 / 姉妹
ulur lalaki / dulur awéwé

清潔な / 汚い
bersih / kotor

完全な / 不完全な
lengkep / teu lengkep

日中 / 夜
poé / peuting

死んだ / 生きている
paéh / hirup

幅広い / 狭い
lega / heureut

食べられる /
食べられない
bisa didahar / teu bisa
didahar

悪意のある / 親切な

jahat / bageur

興奮している /
退屈じている
sumanget / bosen

太った / 痩せた

badag / begang

最初に / 最後に

kahiji / terakhir

友人 / 敵

baturan / musuh

いっぱいの / 空の

pinuh / kosong

硬い / 柔らかい

heuras / lemes

重い / 軽い

beurat / hampang

空腹 / 喉の渇き

kalaparan / haus

病気の / 健康な

gering / séhat

違法な / 合法な

ilegal / legal

賢い / 愚かな

calakan / bodo

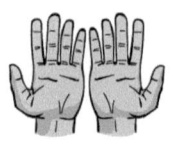

左に / 右に

kénca / katuhu

近い / 遠い

deukeut / jauh

新しい / 中古の

anyar / urut

何もない / 何かある

euweuh nanaon / aya nanaon

老いた / 若い

kolot / ngora

オン / オフ

hurung / pareum

開いている /
閉まっている

buka / tutup

静かな / うるさい

jempé / gandéng

裕福な / 貧乏な

beunghar / sangsara

正しい / 間違っている

bener / salah

粗い / なめらか

kasar / lemes

悲しい / 幸せな

sedih / gumbira

短い / 長い

pendék / panjang

ゆっくり / 速い

alon / gancang

濡れた / 乾いた

baseuh / garing

温かい / 冷たい

haneut / tiis

戦争 / 平和

perang / damai

0

ゼロ

nol

1

1

hiji

2

2

dua

3

3

tilu

4

4

opat

5

5

lima

6

6

genep

7

7

tujuh

8

8

dalapan

9

9

salapan

10

10

sapuluh

11

11

sawelas

12

12
duawelas

13

13
tiluwelah

14

14
opatwelas

15

15
limawelas

16

16
genepwelas

17

17
tujuhwelas

18

18
dalapanwelas

19

19
salapanwelas

20

20
duapuluh

100

100
saratus

1.000

1000
sarébu

1.000.000

100万
sajuta

言語
basa-basa

英語

Inggris

アメリカ英語

basa Inggris Amerika

中国標準語

basa Cina Mandarin

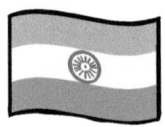

ヒンディー語

basa Hindi

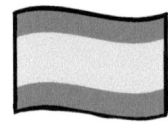

スペイン語

basa Spanyol

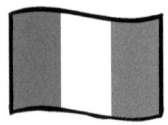

フランス語

basa Perancis

アラビア語

basa Arab

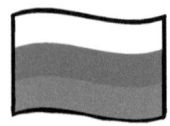

ロシア語

basa Rusia

ポルトガル語

basa Portugis

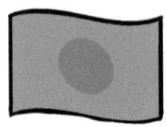

ベンガル語

basa Bengal

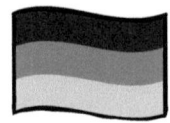

ドイツ語

basa Jerman

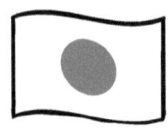

日本語

basa Jepang

私

urang

あなた

manéh

♂ ♀ ○

彼 / 彼女 / それ

anjeunna / manéhna

私たち

arurang

あなたたち

maranéh

彼ら

aranjeunna / maranéhna

誰？

saha?

何？

naon?

どうやって？

kumaha?

どこ？

di mana?

いつ？

iraha?

HELLO, I AM

名前

wasta / ngaran

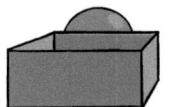

後ろ

di tukang

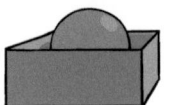

中

di

前

di hareup

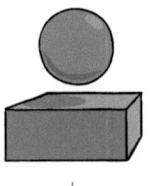

上

di luhureun

上

di luhur

下

di handapeun

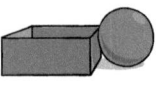

横

di gigir

間

antawis

場所

tempat